A mio Padre che sacrificò la sua vita nel riscatto della sua famiglia.

A mia Madre che mai riconobbe nella ricchezza un valore.

LIBRO VIOLA

*considerazioni per la sopravvivenza intellettuale
in un pianeta allo sfascio*

Anonimo Veneto

Indice dei capitoli

Prefazione

Molti anni fa, erano gli anni ottanta, leggevo sul Corriere della Sera, un articolo sul Brasile, sulle immense aree suburbane chiamate favelas, dove la povertà e la disperazione si mescolavano al carattere solare ed alla voglia di vivere dei brasiliani. Al comando del paese c'era una classe politica corrotta e dedita agli affari personali, il Globo, la prima emittente televisiva del Paese distoglieva le gente dai problemi reali, trasmettendo 24 ore al giorno telenovele che incollavano al video milioni di persone, televisione, televisione ed ancora televisione, nient'altro che televisione. Quella televisione era un potente anestetico contro le sofferenze quotidiane di quella popolazione dimenticata da tutti.

Pensai che una situazione del genere non sarebbe mai potuta avvenire in una nazione europea dove il livello di sviluppo e di istruzione era incomparabilmente più alto. Mi sbagliavo, non avevo fatto i conti con lo strapotere della televisione, che riesce ad infondere stili e modelli di vita come nessun altro strumento di comunicazione e di diffusione delle notizie riesce a fare.

La televisione è riuscita in questi anni ad annacquare la coscienza del singolo proiettandolo in un mondo virtuale, dove egli perde la propria indentità ed entra a far parte di un universo immaginario.

La televisione è riuscita a dissolvere nel nulla credo ideologici che hanno attraversato le coscienze di diverse generazioni; attraverso la mercificazione dei valori ha contribuito a rendere labile il confine che separa il bene dal male, incitando a giustificare ogni mezzo per raggiungere il successo e la ricchezza, diventato l'unico scopo della nostra vita; la televisione è riuscita anche ad abbassare sensibilmente il senso del pudore, il sesso è stato sdoganato diventando di fatto un valore, usato addirittura come mezzo di pagamento e le puttane sono state nobilitate e ribattezzate come escort, fare sesso per soldi non è più un'attività diffamante da fare nell'ombra, "tollerata" dalla società civile, ma non visibile come avveniva in passato.

La ricerca del successo e l'accumulo di ricchezza giustificano ogni mezzo ed ogni azione umana, l'obbiettivo è diventare ricchi, non importa come.

Il potere della televisione è enorme in tutto il mondo, ma, obbiettivamente, l'influenza sulla popolazione non poteva che essere inversamente proporzionale al suo livello di istruzione e o di cultura, ecco che nei Paesi in via di sviluppo ha avuto un potere devastante riuscendo talvolta a spazzare via in pochi anni tradizioni culturali secolari per sostituirle con il Dio denaro e la mercificazione di ogni valore ed ecco anche il motivo per cui in Italia, uno dei Paesi in cui si legge meno in Europa, la televisione ha avuto più influenza che nelle altre nazioni europee permettendo di fatto, episodio unico al mondo, ad un magnate dei media di convincere i suoi spettatori a votarlo e sostenerlo, monopolizzando e paralizzando di fatto la vita politica del Paese per quasi un ventennio.

Ripercorrendo le vicissitudini dell'Europa dalla fine della Seconda Guerra Mondiale ai nostri giorni, passando attraverso la caduta del muro di Berlino, il collasso del Blocco Sovietico e la successiva rivoluzione politica sia ad Est che ad Ovest dell'Europa dove di fatto sono spariti tutti i partiti di ispirazione marxista mi chiedevo: *"Ma se l'eredità progressista è arrivata al capolinea e la stragrande maggioranza degli intellettuali, disorientati dagli eventi della storia contemporanea non riescono più a prendere posizione coerentemente con i grandi dilemmi del loro tempo, come può l'uomo comune vivere in coerenza con le proprie idee, evitando di entrare in quella zona grigia della morale, che la nostra civiltà, attraverso le sirene dei media propone?"*

Se la nostra civiltà dei media sta distruggendo gran parte dei valori nei quali noi credevamo e ci ha fatto adagiare in una sorta di limbo nel quale la mercificazione e la soddisfazione dei bisogni materiali ha preso il posto della coscienza, dei nostri valori, del nostro credo e talvolta anche dei nostri affetti, come possiamo noi evitare di perdere per sempre la nostra identità e la nostra dignità per non diventare di fatto dei burattini in mano al mercato globale?

Viviamo una specie di dissociazione dalla realtà, promossa dalla società dei consumi, che attraverso la televisione ci imbottisce di pubblicità, di oggetti materiali che nella maggior parte dei casi non servono a niente o sono surrogati di oggetti che già possediamo e che sono perfettamente funzionanti.

Paradossalmente e sempre più spesso l'oggetto che acquistiamo, che la pubblicità ci fa desiderare e che diventa per noi irrinunciabile, è di qualità inferiore a quello che già possediamo e che dovrebbe sostituire.

Questa vorticosa ruota dei consumi serve solo ad alimentare il mercato, siamo obbligati a consumare perché le aziende sono costrette incessantemente a produrre, non importa se ciò che compriamo non serve assolutamente a niente e va a finire quasi subito nel contenitore del "secco" l'importante è che compriamo e facciamo girare la ruota del "libero" mercato.

Non intendo qui soffermarmi sugli enormi costi ambientali che questo forsennato sistema consumistico comporta: sfruttamento sempre più intensivo delle limitate risorse del pianeta, aumento vertiginoso dell'inquinamento, devastazione dell'ambiente naturale, ma sul suo aspetto e sulle sue conseguenze sociali e comportamentali.

L'obbiettivo di questo breve saggio sarà innanzitutto cercar di capire chi e come ha potuto ridurre in queste deprecabili condizioni il genere umano, come esso ha perso la sua prerogativa di pensare e programmare il futuro per diventare di fatto solo un meccanismo di un sistema dedito a divorare il pianeta mercificando e sfruttando ogni cosa: lavoro, ambiente, risorse e che ha come obbiettivo la sola produzione su larga scala di oggetti prevalentemente inutili, palliativi che annientano e oscurano sia la coscienza individuale che quella collettiva.

Riuscirà l'uomo a salvarsi?

Riuscirà a vivere rifiutando le sirene del consumismo, rimettendo in moto il proprio cervello, ritagliandosi il proprio modus vivendi?

Resisterà alla tentazione di abbandonare il proprio destino nelle mani dei fautori del libero mercato?

Troverà la forza di attivare qualche neurone per contrastare il modello sciagurato di vita imposto dalla società dei consumi? In definitiva riuscirà a riprendere il mano le redini del proprio destino , rimettendo in corsa l'orologio della storia o si lascerà travolgere dalla catastrofe che incombe sul nostro futuro?

Tutti questi interrogativi non potranno certo trovare la soluzione in queste poche righe, ma se gli intellettuali tacciono, i politici nascondono la verità, i media parlano solo di cose futili, qualcuno dovrà pur parlare e dire le cose come stanno.

Comincio io!

Potenza del messaggio televisivo: il nuovo oppio del popolo

Una mia giovane amica, lontana da casa da due settimane per lavoro, telefona a casa alla mamma per avere sue notizie, questa la rassicura sul suo stato di salute e gli dice: "sai chi compie gli anni oggi?" la mia amica ansiosa di conoscere di quale familiare, parente o amico si sarebbe dimenticata il compleanno la esorta a dirglielo, ma rimane a dir poco esterrefatta quando si sente rispondere che quel giorno si festeggiava il compleanno di uno dei protagonisti della serie "Il Grande Fratello".

La televisione nelle case degli italiani è sempre accesa e focalizza   immancabilmente l'attenzione dei presenti.

Quando alcuni anni fa ho cambiato casa, il precedente proprietario, illustrandomi le comodità della casa che mi apprestavo a comprare, mi fece notare con orgoglio che c'era la televisione in ogni stanza esclusi i bagni e la cantina, in ogni stanza c'erano gli attacchi per la TV analogica e quella satellitare: cucina, soggiorno, camere, taverna, studio e mansarda erano dotate di TV.

Il bisogno di guardare continuamente la televisione nasce

molto spesso da un disagio personale, la persona è sola, oppure semplicemente non sa cosa fare o è troppo stanca o svogliata per fare qualche altra attività come leggere o anche solo discutere con i propri familiari, in questi casi chi guarda la televisione è oltremodo passivo ed il messaggio che arriva viene assorbito in maniera subdola ed acritica.

La televisione è sempre presente anche nei luoghi pubblici come bar, pizzerie, ristoranti, circoli, case per anziani, ospedali, negozi, sale d'attesa, ecc.

La televisione è presente pertanto anche in quei luoghi dove ci si reca spesso in compagnia e che dovrebbero essere luoghi di aggregazione sociale, ebbene anche li, sempre più spesso, la gente, come ipnotizzata, guarda la televisione anziché parlare con il proprio partner, amico o fidanzato che sia.

Un mio collega di lavoro passa interi weekend guardando la televisione, semplicemente perché non sa che altro fare, durante la settimana è un grande lavoratore, sempre impegnato e molto attivo, ma quando la settimana lavorativa si chiude e comincia il weekend non sa come organizzare e come impegnare il suo tempo libero. Il mio collega, a differenza di molti altri, è del tutto consapevole della propria dipendenza dalla televisione e ne è disgustato, ogni lunedì mattina, quando ci scambiamo i saluti di rito mi chiede come ho trascorso il weekend, poi allargando le braccia, sconsolato, mi confida che lui invece ha passato ore ed ore davanti alla TV.

Il grande filosofo inglese Karl Popper, aveva già negli anni 90, individuato nell'enorme diffusione, nella potenza del messaggio televisivo e nell'uso spregiudicato che se ne stava facendo, un grande rischio per la nostra civiltà.[i]

Osservando il degrado inesorabile della nostra società dall'avvento della potente macchina dei media chiamata televisione, Karl R. Popper, che era molto conosciuto innanzitutto per il suo inflessibile spirito liberista, arrivò addirittura a proporre l'obbligo del conseguimento di una patente professionale per tutti gli operatori televisivi, in molti accolsero favorevolmente la sua proposta che rimase però lettera morta.

Karl Popper impegnò l'ultima parte della sua vita in una crociata contro il modello di televisione che si stava diffondendo, ma venne di fatto boicottato dalla televisione stessa. Preparò assieme a Helmut Schmidt una lunga intervista su questo tema, ma quando il filmato fu trasmesso rimasero solo alcuni minuti in uno special dedicato allo stesso Schimdt. La televisione, constatò Popper, può di fatto censurare a *piacere, senza che noi ci possiamo farci niente.*

La televisione è infatti diventata uno strumento imprescindibile di dominio e di potere in tutto il mondo occidentale e ha raggiunto ormai anche le altre civiltà contribuendo alla rapida omologazione culturale del mondo intero.

E' in atto una sorta di trapianto culturale, simile ad un'operazione di modifica genetica che, diffusa dalle reti televisive di tutto il mondo, imporrà il nostro attuale forsennato e insostenibile stile di vita in tutto il pianeta, uccidendo per sempre diversità culturali e di costume createsi in migliaia di anni di evoluzione.

Chi vuole il potere non può prescindere dall'appoggio dei media, deve cercarlo o costruirselo con le proprie mani come ha fatto Silvio Berlusconi o pagarlo fior di quattrini come hanno fatto alcuni, per ricambiarlo poi con altri favori quando saranno al potere come succede nella stragrande maggioranza dei casi.

Dopo queste brevi considerazioni appare del tutto ovvio che la proposta avanzata da Karl Popper, inizialmente accolta con favore vista l'autorità indiscussa del suo proponente, sia in realtà rimasta lettera morta.

La televisione vuole avere mani libere in tutto il mondo e poiché la capacità di persuadere i più deboli e distrarre i benpensanti fa cadere l'ago della bilancia dalla parte di chi comanda questo meccanismo non sarà mai modificato, ma sarà potenziato ed esportato anche nei paesi in via di sviluppo o in qualsiasi luogo dove una leadership vuole mantenere nel tempo il potere.

Quando dico leadership non intendo necessariamente i politici che sono al potere, molto spesso come accade ad esempio negli Stati Uniti, ma non solo lì, la leadership rimane dietro le quinte mandando al potere il Presidente di turno, non importa di quale fazione politica.

Intanto i programmi televisivi sia delle reti pubbliche che di quelle private inseguono, come unico obbiettivo, l'audience: il gradimento dello spettatore; non importa come si raggiunge e quali contenuti vengono proposti per catturarlo, l'importante è che la trasmissione abbia uno share molto alto. Più spettatori ottiene e più potente diventerà l'emittente televisiva.

Anche le emittenti pubbliche non si sottraggono a questa regola e la RAI, che ha abbandonato da tempo i programmi educativi e i programmi impegnati culturalmente, è diventare di fatto una TV generalista e commerciale, proponendo programmi molto simili alle emittenti "concorrenti".

Ecco allora che tutto degenera alla ricerca dell'audience e del gradimento. In questi giorni è in onda su Canale Cinque una miniserie "Il peccato e la vergogna" che ha un inspiegabile successo di pubblico, la cosa sorprendente non è tanto il suo successo, quanto la qualità del prodotto televisivo che sia nella forma che nel contenuto è a dir poco scadente; talmente brutta è la trama e talmente scadente è la prestazione dei loro protagonisti: "totalmente incapaci di recitare" secondo il critico televisivo del Corriere della Sera Aldo Grasso che neanche gli autori avrebbero potuto prevedere un simile successo di pubblico.

Ma come può un programma tanto Trash avere così tanti spettatori?

Ebbene la soluzione la da Gabriel Garko uno degli attori protagonisti che incalzato da un giornalista che gli fa notare la bassa qualità della finction ammette:

"La gente ha bisogno di distrarsi, il che è l'obbiettivo della serie. Per le finction il parametro di giudizio è fare ascolti: se li ottengono hanno dato al pubblico ciò che voleva".[ii]

Ma "distrarsi" è veramente quello che vuole la gente o è quello a cui mirano i produttori?

Nel film "Truman Show", Truman Burbank, interpretato magistralmente da Jim Carrey, è l'inconsapevole protagonista di un colossal televisivo.

La sua vita trascorre in un gigantesco studio televisivo, egli è circondato da attori e non si rende conto che tutti gli avvenimenti della sua vita sono programmati da Cristoff, l'autore del colossal televisivo che tiene incollati davanti al video miliardi di persone.

Sua madre, sua moglie, i suoi migliori amici sono tutti attori che recitano la loro parte e approfittano delle riprese televisive per pubblicizzare ogni genere di prodotti commerciali.

Tutto gira intorno a lui Truman Burbank l'inconsapevole protagonista che è il solo ad agire con ingenua spontaneità.

Ma Cristoff non aveva fatto i conti con la determinazione, la volontà ed il desiderio di ogni uomo di essere l'artefice del proprio destino.

Truman Burbank lentamente, ma inesorabilmente scopre l'incredibile raggiro nel quale era

31

vissuto, la sua era stata un'esistenza priva di significato, si ribella e abbandona il set, rinunciando ad una vita da attore per vestire i panni del protagonista del proprio destino.

I media televisivi di tutto il pianeta stanno trasformando il mondo in un gigantesco e colossale studio televisivo, una finction televisiva planetaria domina l'attenzione di miliardi di individui, imponendo subdolamente modelli di vita, idee politiche conformiste e ruoli ambiti da tutti i suoi spettatori.

Gli spettatori diventano spesso attori di questa colossale finction, aspirano loro stessi a diventare protagonisti, non della loro esistenza, ma dello spettacolo televisivo che guardano ogni sera. Chi passa dall'altra parte dello schermo ha vinto la sua battaglia, salendo per sempre all'Olimpo degli Dei.

Sta succedendo che gli spettatori di questo planetario Truman Show, vogliono diventare protagonisti, non del loro destino come il protagonista del film, ma di quel mondo virtuale da cui Truman è fuggito, la finzione e lo stile di vita che la TV propone stanno infatti diventando il desiderio di intere generazioni.

Ma davvero i giovani sono appagati dall'ultimo modello di

Telefonino e si addormentano contenti davanti alla TV?

Davvero credono in quello che raccontano Berlusconi e Co.? Che potranno anche loro, se si tagliano la barba, ascoltano i suoi consigli e partecipano ai reality diventare ricchi come lui? O qualcuno comincia a diffidare della buonafede di questi affabulatori e comincia a capire che il miraggio di diventare ricchi è un vecchio e collaudato trucco del più esasperato e becero capitalismo per ottenere il consenso ad un modello economico che sta di fatto impoverendo milioni di persone in tutto il mondo per arricchire pochi eletti?

[i] Karl R Popper, "cattiva maestra televisione" Marsilio Editore, i libri di Reset, a cura di Giancarlo Bosetti.
[ii] Articolo stampato il CineTivù: http://www.cinetivu.com URL dell'articolo:
http://www.cinetivu.com/sitcom/fiction-italiana/il-peccato-e-la-vergogna-canale-5/

Umorismo Inglese,
Privatizzazioni e altri disastri

10 agosto 2011.

In questi giorni Londra è stata messa a ferro e fuoco da bande di giovani, la protesta si è estesa a quasi tutta la capitale, il governo del conservatore David Cameron ha dovuto usare le maniere forti per reprimere le violenze, arrestando migliaia di giovani, le proteste erano state innescate dall'uccisione di un giovane da parte della polizia. I Londinesi, dopo aver vissuto tre giornate di coprifuoco, si sono di fatto ribellati uscendo di casa armati di scope, badili e bastoni, nel tentativo di fermare queste orde di giovani ribelli.

Il Primo Ministro intervistato dalla BBC, dopo aver manifestato soddisfazione per l'evolversi della crisi, repressa con le maniere forti, ammette: "Forse c'è qualcosa che non va nella nostra società!"

Insomma sembra che da quelle parti si stanno stufando di guardare il grande fratello e le partite di football e se sono riusciti a far capire a David Cameron che c'è qualcosa che non va, un risultato lo hanno già raggiunto.

Il Primo Ministro Britannico David Cameron avrebbe fatto meglio a chiedersi: "ma cosa c'è che funzione ancora in questa società"

In tutti i Paesi d'Europa, la riduzione dei posti di lavoro nell'Industria è endemica, inarrestabile, il welfare costa sempre di più ed i conti non quadrano e la distruzione progressiva dello stato sociale avvenuta nell'ultimo trentennio associata all'aumento della disuguaglianza nella distribuzione della ricchezza è una potenziale bomba ad orologeria.

Questo sta provocando il modello economico importato dagli

Stati Uniti d'America, questo sta causando la ricerca della ricchezza a tutti costi e questo accadrà all'Italia che ha assorbito, anche culturalmente (non me ne voglia la cultura!)il modello imposto dal libero mercato attraverso i media.

La situazione in Italia non è però più drammatica che nel resto dell'Europa e la peculiarità del sistema Italia, basata negli ultimi vent'anni su un personaggio pittoresco ma effimero come Silvio Berlusconi, non è stata la sola causa della nostra debacle , egli ha accorciato i tempi del disastro annunciato, ma con la sinistra al governo saremo lo stesso sull'orlo del fallimento.

Sintonizzatevi sulla TV tedesca, o su quella francese, andate a vedere la TV spagnola o quella austriaca, i palinsesti sono gli stessi, propinano gli stessi programmi, cambia solo la lingua ed i protagonisti, ma se non è zuppa è pan bagnato.

Le rassicurazioni che ha fornito Berlusconi agli Italiani, non sono tanto diverse da quelle che Sarkozi da ai Francesi; la Merkel omaggia Sarkozi, il suo operato ha il suo consenso e viceversa, tutti i Paesi Europei sono pieni di debiti sulla scia degli Americani che quanto a debiti non li batte nessuno.

Ma perché anche se ci fosse stata la sinistra al governo non sarebbe cambiato niente?

Perché questa sinistra ha abbracciato il modello di sviluppo capitalista, rinnegando quarant'anni di storia Italiana ed Europea dove la socialdemocrazia aveva costruito un modello di vita che ha fatto prosperare il nostro continente per cinquant'anni.

Che dice di diverso Bersani da Berlusconi? Non si sa, o meglio si sa che uno dice male dell'altro, ma nella sostanza dicono le stesse cose, Bersani che segue la linea tracciata prima dalla Tatcher e poi da Blair insiste che bisogna andare avanti con le privatizzazioni, senza chiedersi come mai l'unica azienda di Stato interamente privatizzata la Telecom sia diventata un fallimento per l'intera nazione: la rete di telecomunicazioni più arretrata d'Europa, un'azienda statale sana, passata di mano più volte ed ogni volta spolpata delle sue risorse, un vero furto organizzato, avvenuto senza che si sia mai indagato seriamente sulle responsabilità degli amministratori che si sono succeduti.

Panem et circenses

Tempo fa su Rai uno ho visto, per caso, una frazione del secondo tempo della partita di calcio che assegna la supercoppa italiana, sugli spalti le tifoserie delle opposte fazioni vestivano le maglie della propria squadra del cuore (Milan e Inter), la partita si giocava a.....Shangai. Il calcio, proposto a piene mani da tutte le emittenti di tutto il mondo è diventato la panacea di tutti i mali, proposto incessantemente da tutte le reti televisive è fenomenale per far parlare la gente di cose futili e banali. In Italia su Sky, su Mediaset e sulla Rai intere serate sono dedicate al calcio, intervengono anche personaggi del mondo della politica e della cultura, si discute per delle ore di aria fritta: quel calciatore è stato richiesto dal Real Madrid, quell'altro si è stufato di stare in Italia ed a fine stagione se ne torna in Brasile, sondaggio se Voi foste il Presidente dell'Inter chi comprereste?

Il calcio non è più uno sport, è diventato un'arma letale per riempire il cervello e la bocca della gente di cose inutili.

La partite si susseguono ininterrottamente per tutta la stagione si giocano il campionato e le coppe europee, la coppa del mondo, la coppa america, la coppa asiatica e quella africana i tornei estivi ecc. ecc. ecc.

Il calcio è diventato un colossale circo, i giocatori passano ogni anno da una squadra all'altra, facendo in realtà perdere l'identità delle squadre in cui giocano, non si riesce infatti a capire che senso ha essere milanisti o interisti visto che l'anno seguente ci si potrebbe ritrovare con i giocatori e l'allenatore della squadra avversaria nella propria e viceversa, non ha neanche senso essere tifosi per un attaccamento al territorio, infatti i giocatori delle migliori squadre vengono dalle nazioni più disparate, ma allora perchè quegli spettatori cinesi si vestivano di rossonero ed incitavano la "propria squadra"?

Potenza del messaggio televisivo che riesce ad esportare uno sport come il calcio perfino in Asia, la gente anche lì perderà il proprio tempo a guardare il calcio omologandosi con il resto del mondo occidentale.

La Televisione esporta in tutto il mondo gli stessi format, se vanno bene in Italia ed in Europa andranno bene anche in Asia, in Sud America ed in Africa. Nei prossimi decenni quella gente penserà, si divertirà ed avrà gli stessi desideri di un europeo. A nessuno verrà più in mente di cercare un modo diverso di vivere la propria vita.

Ma in Italia, anche il calcio, come l'attuale sistema sociale che lo supporta, a quanto pare, sembra implodere su se stesso: squadre piene di debiti, partite taroccate, giocatori pagati dagli scommettitori, che lucrano in modo fraudolento sulle partite, scudetti rubati; tutto questo mentre gli spettatori paganti sono in sensibile calo e i soli introiti delle squadre sono i diritti televisivi che rimpinguano le squadre più importanti lasciando a bocca asciutta le squadre provinciali, proprio dove l'attività agonistica delle squadre può ancora definirsi Sportiva.

I grandi gruppi che finanziano e producono gli spettacoli televisivi però sono pieni di debiti e con la crisi in corso i nodi verranno al pettine.

L'appropriazione indebita dello Stato

Quando è caduto il muro di Berlino ed in comunismo è di fatto scomparso dalla faccia della terra, i Paesi dell'Est e la Russia, si sono aperti al libero mercato.

In Russia dove una cinquantina di famiglie di primo piano della nomenclatura si sono appropriate dell'enorme apparato industriale russo, si sono vissuti anni durissimi, durante i quali molto lentamente l'economia si è rimessa in moto, negli altri Paesi dell'ex blocco sovietico è successo presso a poco lo stesso, ma la difficoltà di passare da un sistema protetto anche se antidemocratico ad uno competitivo e selettivo sono state devastanti sul piano sociale ed umano.

In pochi hanno avuto il coraggio di scrivere il disagio di quelle generazioni che si sono trovate di fatto impreparate di fronte al "libero" mercato, gettate improvvisamente senza più alcuna tutela in mezzo ad una strada, derubate del loro posto di lavoro e delle aziende per cui lavoravano.

Migliaia sono state le vittime di quel cruento capovolgimento della società verso una economia liberista; vittime della droga, dell'alcolismo, dell'emarginazione, della criminalità.

La più coraggiosa cronista di quel passaggio storico Anna Politoskaja che denunciò le prevaricazioni, le ingiustizie, la violenza di quei drammatici anni è stata barbaramente assassinata e nessuno ha avuto più il coraggio di tornare sull'argomento.[iii]

Ma dal crollo del muro di Berlino usciva un solo ed inequivocabile sconfitto: il comunismo.

Il comunismo russo era stato smascherato, dietro ad un'ideologia di facciata si era celato il più squallido e deprimente sistema dittatoriale, il comunismo era riuscito a soffocare per decenni mezza Europa, mentre l'altra metà prosperava e si sviluppava.

Il comunismo reale era fallito e con esso anche la teoria Marxista confutata dagli eventi della storia che hanno definitivamente contraddetto le sue predizioni pseudo scientifiche.[iv]

In quel momento chiamarsi comunista era quantomeno fuori luogo e ben presto tutti i partiti di sinistra in Europa cancellarono quel nome infamante convertendosi di fatto al libero mercato.

Il fallimento delle nazioni ex comuniste lasciò ampio spazio alla corsa verso il più sfrenato capitalismo in tutto il mondo.

In questo contesto la TV ancora una volta la fece da padrone: quando cadde il sistema comunista in Albania lasciando dietro di sé un Paese dalle condizioni sociali ed economiche medievali ci fu una corsa all'immigrazione verso l'Italia, paese del quale gli albanesi conoscevano lingua, costumi, abitudini di vita, malaffare e storie di mafia per averle viste alla TV, ma anche negli altri Paesi dell'Europa dell'Est, ancora prima della caduta del muro, le TV occidentali che riuscivano a penetrare *lo spazio della cortina di ferro contribuirono a diffondere usi e costumi dell'Europa occidentale.*

Gli abitanti dei Paesi del blocco Sovietico potevano così confrontare ogni giorno la differente qualità e stile di vita dell'altra metà dell'Europa, il confronto reso possibile dai mezzi d'informazione non più controllabili fece crollare la fiducia verso gli esponenti del partito comunista: fu l'inizio della fine.

La messa al bando del comunismo in tutto il mondo (anche se la Cina si definisce ancora comunista) non solo cancellò tutti i partiti di ispirazione marxista dal firmamento della politica europea e mondiale, ma lasciò orfani ideologicamente anche tutti gli altri partiti di sinistra.

Socialisti, social democratici e compagnia bella rinnegarono le proprie origini "dimenticando" che 50 anni di prosperità dalla fine della seconda guerra mondiale erano scaturiti anche da politiche sociali condivise, proprio la politica di ispirazione socialdemocratica aveva forgiato in tutta l'Europa occidentale le nostre società, creando prosperità e benessere mai visti prima.

In nessuna parte del mondo si viveva così bene come in Europa:

Non i privati ma gli Stati
avevano reso possibile:

- *l'assistenza sanitaria gratuita per tutti,*
- *l'istruzione primaria e secondaria gratuita,*
- *la garanzia di un trattamento pensionistico dignitoso per tutti i cittadini,*
- *un sistema stradale ed autostradale efficiente,*
- *un sistema ferroviario capillare,*
- *un sistema postale e di telecomunicazioni all'avanguardia,*

e tanti altri servizi ancora.

Bersani non spiega ai suoi elettori come mai una priorità del suo eventuale ritorno al Governo saranno le privatizzazioni, ed in effetti non serve spiegarlo perché tutti i partiti dell'arco costituzionale perseguono gli stessi obbiettivi: la distruzione dello stato sociale, la riduzione della spesa pubblica e la privatizzazioni di tutti i servizi che lo stato offre (spesso in perdita) ai propri cittadini.

Anche in questa grande operazione di omologazione politica e culturale la TV ha svolto la parte del leone.

Nei Talk show e nei dibattiti politici che seguirono il

crollo del comunismo, nel tentativo di prendere le distanze dal comunismo tutti i politici adottarono il modello liberista e il sistema di gestione privata fu preferito, nel segno di una maggior efficienza, a quello pubblico.

L'abbandono di qualsiasi ideologia e l'uniformarsi alla stessa scuola di pensiero liberista ha reso indeterminabili le differenze di pensiero e di programma da un partito all'altro, sia a destra che a sinistra.

Comunista è diventato un epiteto con il quale il nostro "amato" e per fortuna EX Premier Silvio Berlusconi definiva gli

avversari, "dimenticando" anche lui
che:

ahimè i comunisti non hanno mai
governato, non solo in Italia, ma in
tutta l'Europa occidentale, ma che
dal dibattito politico che seguirono
le atrocità causate dai nazisti e
dai fascisti (quelli sì al governo
per decenni) scaturì una politica
condivisa di stampo
socialdemocratico (cui i comunisti
occidentali contribuirono) e che
permise di trasformare l'Europa nel
continente che tutto il mondo ha
invidiato (americani compresi).

[iii] Anna Politoskaja "La Russia di Putin" Adelphi Edizioni, La Collana dei Casi.

[iv] Karl R Popper, Replies to my critics:" Tuttavia il Marxismo oggi (nda: dopo la caduta del Muro di Berlino) non è più scienza;non lo è perché ha infranto la regola metodologica per la quale noi dobbiamo accettare la falsificazione, ed ha immunizzato se stesso contro le più clamorose confutazioni delle sue predizioni. Da allora esso può venir descritto solo come non scienza, come un sogno metafisico.. Vedi anche "Le fonti della conoscenza e dell'ignoranza" K.R. Popper ed. Il Mulino.

La demolizione dello stato sociale e l'appalto dello Stato.

Deregulation, limitare i poteri dello stato, meno stato più mercato, togliere lacci e laccioli, deregolamentare i prodotti finanziari, appaltare i servizi ai privati, limitare i poteri dei giudici, privatizzare le Poste, le Ferrovie, la Sanità questi sono gli sciagurati programmi di questi disperati politici e più che un programma politico sembra un assalto alla diligenza.

In pratica questi politici assatanati dal potere e dai soldi mirano a sfasciare l'intero apparato dei servizi forniti dallo stato, costruiti in decenni di accurata e condivisa politica sociale ed assistenziale che ha fatto crescere l'Italia fino a farla diventare, nonostante tutto, la settima economia del pianeta.

Per chi non lo sapesse le privatizzazioni fatte finora in Europa si sono rivelate salvo rare eccezioni dei fallimenti totali, figuriamoci cosa potrà accadere nel Bel Paese.

Mi auguro che queste privatizzazioni non vadano mai in porto, ma anche se non ancora private, molte di queste grandi aziende, già trasformate in Spa,

sono pronte a diventarlo, vediamo
come:

Poste Italiane Spa

Le Poste italiane non hanno mai
brillato per efficienza e nel corso
della loro storia sono state usate da
chi era al potere per migliaia di
assunzioni clientelari.

Così negli anni in cui era
ministro un abruzzese le Poste si
riempirono di abruzzesi, ma il picco
si ebbe sotto l'era Craxi che
attraverso concorsi ministeriali
indetti per assumere una decina di
operatori riusciva poi ad allargare
le maglie fino ad assumere migliaia
di persone (non solo abruzzesi) che
andavano ad ingrossare un organico

già   sovradimensionato, appesantendone i conti.

Specialmente al Sud le assunzioni fatte all'ente Poste Italiane erano una vera forma di assistenzialismo, veniva ridotta la disoccupazione ingrossando le fila dei dipendenti pubblici, era una tacita forma di welfare e non necessitava di leggi particolari.

Ovviamente l'Ente di Stato preposto alle comunicazioni perdeva in efficienza ed accumulava perdite notevoli, ma il maggior costo sarebbe stato comunque sopportato in termini di assistenza sociale, come dire che il capitolo di spesa andava corretto, ma il totale sarebbe rimasto invariato.

Ma lo scopo sociale delle vecchie e bistrattate Poste non si fermava qui, c'erano migliaia di Uffici Postali in aree remote, in paesi di poche centinaia di anime, piccoli paesi che potevano godere degli stessi servizi offerti a tutti gli altri cittadini italiani ed il recapito era capillare in tutto il territorio dello Stato.

Le Poste offrivano anche servizi di risparmio con rendimenti sicuri e garantiti dallo stato e servizi bancari: trasferimento di fondi, pagamento di pensioni e assegni postali; attraverso la loro rete capillare raccoglievano cifre davvero di riguardo sostituendosi egregiamente al sistema bancario, dove questo non era presente per motivi di convenienza economica.

Nessun sistema privato avrebbe potuto mantenere servizi così disparati in tutto il territorio italiano, con una distribuzione così capillare.

Poste Italiane Spa, in attesa di diventare un'azienda privata arranca tagliando costi e cercando disperatamente di aumentare i ricavi, vediamo come:

- I piccoli uffici Postali vengono chiusi, oppure viene ridotto drasticamente l'organico e l'orario di apertura. (lo stesso operatore tiene aperto due uffici a giorni alterni)

- *Il servizio di recapito è stato accorpato e ridotto e con la soppressione del servizio di recapito nella giornata del sabato.*

- *al tradizionale servizio di recapito è stato affiancato un servizio, non voluto dagli utenti, di recapito massivo di volantini e proposte pubblicitarie.*

- *gli operatori allo sportello sconsigliano le forme di risparmio tradizionali, sicure per il cittadino, ma poco remunerative per l'azienda e come il sistema bancario propongono complicate forme assicurative e di risparmio di cui nessuno* conosce la vera sorte (oppure fingono di non conoscerla).

• Nel disperato quanto patetico tentativo di aumentare i ricavi l'azienda, pur non avendo nessuna competenza in materia vende di tutto: CD, cancelleria, motorini, televisori, schede sim, telefonini ecc. ecc.,

• Gli operatori allo sportello e questo è davvero vergognoso, sono incentivati a proporre, al termine dell'operazione richiesta dall'utente, l'offerta di gratta e vinci diffondendo così la cattiva abitudine al gioco.

Ovvero come trasformare una seria e consolidata azienda di servizi al cittadino in un ridicolo bazar che ha già disaffezionato i propri utenti e che è destinato a soccombere.

Ma le Poste Italiane rimangono, nonostante tutto, un sicuro riferimento ed una garanzia per i cittadini italiani, la crisi finanziaria in corso ha reso diffidenti i risparmiatori verso gli Istituti di Credito e mentre le casse del Bancoposta sono tuttora piene di liquidità quelle delle Banche private sono vuote a causa della loro sciagurata gestione.

Ecco allora che già si pensa di sacrificare anche quest'ultimo gioiello pubblico sull'altare della libera concorrenza.

Dimenticavo, sapete cosa succede se un'azienda di servizi essenziali per il Paese come le Poste, dopo essere stata privatizzata, fallisce? Elementare, se la ricompra lo Stato pagandosi tutti i debiti ed i furti dei precedenti amministratori.

Anche le Ferrovie dello Stato non hanno mai brillato in efficienza, i treni non sono mai arrivati in orario e come nel caso della fornitura di energia elettrica l'inefficienza viene spesso giustificata come causa di forza maggiore e la colpa non è mai di nessuno.

Alla fine il cittadino doveva accontentarsi del servizio offerto dal monopolista.

Ma quali erano i vantaggi e gli svantaggi delle ferrovie dello stato, e quali sono i vantaggi di Trenitalia Spa?

Andate a chiederlo alle centinaia di migliaia di pendolari che usano il treno ogni giorno per recarsi al lavoro.

Vengono continuamente soppressi treni le cui tratte risultano poco remunerative, si legge spesso sui giornali di proteste di pendolari rimasti a piedi perché il treno che li portava al lavoro è stato soppresso, in compenso l'ad Moretti ha promesso treni ultrarapidi e carrozze per gran signori per gente che ha fretta e che è disposta a spendere in servizi di qualità.

Questo è già successo nel Regno Unito una quindicina d'anni fa, le aziende private che avevano sostituito le ferrovie statali inglesi, hanno chiuso le tratte poco frequentate e poco remunerative, lo stato ha dovuto sobbarcarsene i costi dovendo comunque garantire i collegamenti tra i paese sperduti della Scozia o delle zone periferiche dell'Inghilterra, ancora una volta i costi sono rimasti ai cittadini ed i ricavi sono andati ad ingrassare le aziende private.[v]

La privatizzazione dei trasporti ferroviari, come delle autostrade rimane comunque un azzardo economico e morale, perché sono servizi di notevole rilevanza sociale e per loro stessa natura monopolistici: non ci saranno mai due treni che arrivano a Firenze alle diciotto di domani provenienti da Roma, le tratte sono le stesse e la concorrenza è solo un'idiozia impraticabile e non ci sono saranno mai due autostrade che percorrono la tratta da Mestre a Milano e che Vi diano la possibilità di scegliere l'autostrada migliore per la Vostra esigenza, la privatizzazione delle Autostrade è stato un regalo ad una certa lobby di potere e la privatizzazione delle ferrovie sarà la stessa ed identica cosa, l'unica variante sarà la lobby di potere interessata.

Naturalmente nessuno Vi dirà mai queste cose e nessuno osa più opporsi all'attuale corrente di pensiero importata dagli USA che privato è comunque meglio di pubblico.

Se seguite i talk show ed i dibattiti politici alla TV vedrete i politici delle parti avverse gettarsi del fango addosso.

Di recente gli scandali sessuali che hanno coinvolto il ns. ex Premier da una parte e i reati di corruzione che hanno coinvolto più o meno tutti gli schieramenti dall'altra hanno riempito pagine e pagine dei quotidiani e dei settimanali scandalistici e riempito i contenuti di centinaia di ore di trasmissioni televisive (TG, talk-show e dibattiti televisivi di ogni genere), in nessun dibattito si parlava delle sorti delle privatizzazioni avvenute e da fare nel nostro Paese e nel resto dell'Europa ed in nessuna trasmissione televisiva si parla dell'opportunità o meno di procedere ad altre privatizzazioni, atteso che tutti gli schieramenti politici hanno nel loro programma di governo la privatizzazione dei servizi pubblici.

E' come se nel 1989 non sia solo crollato il comunismo, ma

si sia fermata la storia ed il genere umano abbia smesso di pensare e programmare il proprio futuro.

Non è stata messa al bando solo un'ideologia, ma sono state cancellate tutte le idee ed i progetti di organizzazione della società diverse la quella del più sfrenato capitalismo per conto del quale tutti i mali della nostra civiltà saranno cancellati dal libero mercato in assenza di qualsivoglia intrusione da parte dello Stato.

La realtà è sotto i nostri occhi: il settore che nell'ultimo ventennio è stato maggiormente deregolamentato nel mondo è quello finanziario, i risultati li vediamo tutti i giorni, Banche che cartolarizzano miliardi di euro di debiti per cederli a società colabrodo che andranno a finire prima o dopo in qualche bel fondo d'investimento e nei vostri risparmi; fondi pensionistici che si sono divorati i contributi dei propri iscritti; Amministrazioni locali in bancarotta per aver acquistato derivati da delinquenti travestiti da promotori finanziari, tutto questo senza che mai ci sia un colpevole, tutto si può fare in nome della deregulation anche e soprattutto truffare i risparmiatori e rubare soldi pubblici.

Dalla caduta del muro di Berlino e dall'effettivo abbandono di un'alternativa progressista al

78

dominio del capitalismo sono trascorsi 23 anni durante i quali abbiamo sistematicamente e progressivamente demolito il nostro stato sociale sotto la mannaia delle Istituzioni Finanziarie (BCE, FED, FMI, Banca Mondiale) che dominano di fatto l'Europa imponendo comportamenti e regolamenti a tutti i parlamenti Europei.

Che il mondo abbia preso una brutta piega questo è fuori discussione, a dettar legge nel mondo sono ormai solo i ricchi e lo fanno con arroganza e prepotenza, ma nel cervello di ognuno di noi c'è un'arma potente che loro temono: la razionalità.

Evitate i luoghi comuni e pensate con la Vostra testa, non fateVi circuire dalla TV che diffonde in tutto il mondo la cultura dominante e non accontentateVi di avere perché è molto più importante essere.

---

[v] Tony Judt "Guasto è il Mondo" Editori La Terza, a proposti del culto del privato e del risultato delle privatizzazioni in Gran Bretagna.

Re Mida si pentì, questi perseverano!

Quali sono gli uomini più importanti nella storia dell'uomo e perché:

Leonardo da Vinci, Albert Einstein, Ludving Wan Beethoven, Pablo Picasso …..

Ne ho citato solo alcuni ma la lista potrebbe continuare a lungo e riempirebbe sicuramente tutte le pagine di questo libro; ebbene tutti questi uomini eccezionali sono un esempio per il genere umano, ci hanno insegnato qualcosa e le loro invenzioni, le loro scoperte, le loro creazioni le

loro idee ci hanno reso migliori,
loro hanno contribuito a migliorare
il genere umano, sono dei Grandi
Uomini.

Quale potrebbe essere allora
la più grande aspirazione per l'uomo
moderno se non quella di entrare a
far parte di quella schiera di
Grandi e diventare un profondo
conoscitore dell'arte, della scienza
della letteratura, della musica,
della filosofia, della matematica o
di qualsiasi altra materia dello
scibile umano, così che il suo nome
sarebbe ricordato nei secoli a
venire.

Qual'è diventata invece la
più grande aspirazione dell'uomo
moderno dopo il 1989?

Diventare ricco, a qualsiasi costo.

La cupidigia, l'avidità, il desiderio di accumulare sempre più denaro e ricchezze materiali sembra abbia preso il sopravvento su tutte le altre qualità che avevano contraddistinto e reso unico il genere umano, questa improvvisa accelerazione verso un unico e deprecabile scopo ha oscurato la storia rendendola superata, ha improvvisamente reso inutile la narrazione del progresso umano e fermato il progresso civile nel mondo intero.

Essere ricchi talora è una giusta ricompensa del proprio lavoro e della propria costante applicazione nella propria attività economica e non c'è niente di male a diventare ricchi.

Ma la ricchezza non è una qualità umana che contraddistingue in positivo gli uni dagli altri ed arricchirsi è anche molto spesso il frutto di un atto delinquenziale o illecito.

Alimentare il mito della ricchezza a tutti i costi è senz'altro un incitamento ad infrangere le regole ed in una società come la nostra che fa pagare più del 50% di tasse ai cittadini onesti il modo più semplice per arricchirsi senza tanta fatica è evadere le tasse.

Ma i modi per arricchirsi illecitamente nella nostra società sono infiniti, la corruzione dilagante a tutti i livelli dell'amministrazione pubblica genera ricchezza ha chi dovrebbe responsabilmente gestire il denaro dei cittadini, la frode nei confronti dei risparmiatori attraverso i fondi e/o le azioni che perdono costantemente il loro valore è una inesauribile fonte di ricchezza per taluni (e di rovina per altri), ma dovrebbe essere anche un reato perseguito dalla legge.

Lo sfruttamento del lavoro minorile e del lavoro sottopagato nei paesi del terzo mondo genera enorme ricchezza agli industriali che hanno delocalizzato le loro industrie, ma è anche un reato nei paesi civili e dovrebbe essere perseguito in ogni parte del mondo.

Il traffico internazionale di droga crea ricchezza ai narcotrafficanti ed agli spacciatori di droga, ma crea emarginazioni nei giovani che la assumono ed è vietato dalla legge (ma tollerato).

La prostituzione crea ricchezza ai trafficanti senza scrupoli, ma crea anche schiavitù ed emarginazione, anche questa ancestrale pratica dovrebbe essere vietata, ma nella realtà è ammessa.

Esistono anche altri metodi "meno" fraudolenti per arricchirsi facilmente, truffe commerciali, concorrenza sleale, leggi fatte per agevolare determinati settori o determinate aziende a scapito di altre, prodotti venduti attraverso pubblicità ingannevole, tariffe telefoniche costruite attraverso complicati algoritmi che celano vere e propri truffe e bollette incomprensibili, prezzi dei carburanti che salgono anche quando il greggio scende ecc. ecc. ecc.

Mi fermo qui ma anche in questo caso non basterebbero le pagine di questo libro per elencare tutti i sistemi fraudolenti, illeciti o contrari al diritto ed al buon senso per arricchirsi facilmente.

Questa brama di diventare ricco a tutti i costi è una vera e propria piaga e corruzione della specie umana, poiché chi non riesce a diventarlo cerca comunque di emulare il comportamento di chi ricco lo è diventato per davvero, non importa in che modo.

Un altro elenco da fare, lunghissimo in Italia, sarebbe quello dei ricchi senza qualità.

Migliaia di ricchi senza qualità benestanti inetti, ignoranti, barbari, ma furbi.

Non faccio nomi ma basta aprire un qualsiasi giornaletto di gossip per trovarli lì, spesso in vacanza insieme, i furbetti, a bordo del solito immancabile Yacht. Poi ogni tanto qualcuno va dritto in galera per bancarotta fraudolenta, o lo yacht viene sequestrato dalla Guardia di Finanza per evasione fiscale, ma fa niente sono sempre sulla cresta dell'onda e la gente vuole sapere tutto di loro.

Insomma mai come in questo momento vale il detto di Oliver Goldsmith (1770): "guasto è il mondo, preda di mali che si susseguono, dove la ricchezza si accumula e gli uomini vanno in rovina".

Già gli uomini vanno in rovina perché dietro ad ogni arricchimento illecito o frutto di vantaggi acquisiti illecitamente ci sono migliaia, talvolta milioni di persone che vanno in rovina.

Dietro al traffico di droga ci sono milioni di emarginati socialmente irrecuperabili, dietro all'arricchimento degli industriali favoriti dalla globalizzazione ci sono le sofferenze dei lavoratori schiavizzati e le sofferenze di chi nei Paesi Occidentali industrializzati perde il proprio lavoro ed ancor prima, come sta succedendo adesso in Italia, i propri diritti.

In Italia dietro alla corruzione dilagante dei politici e degli amministratori pubblici c'è un intero Paese che sta andando in rovina, dietro ad ogni bancarotta fraudolenta ci sono migliaia di aziende sane che perdono denaro rischiando il fallimento, dietro ad ogni truffa finanziaria ci sono migliaia di risparmiatori che perdono i loro sudati risparmi, a volte il frutto di un'intera vita di sacrifici.

Se pensiamo anche solo per un momento alle sofferenze umane che causa in tutto il mondo l'arricchimento illecito di pochi individui, dovremo concludere che se c'è una priorità nel mondo civile è quella di fermare a tutti i costi e con tutti i mezzi questo perverso meccanismo, questo nichilismo generalizzato sbandierato e sponsorizzato da tutti i media come *fosse l'unico scopo e l'unico valore della vita umana.*

Prevaricazione, prepotenza, arroganza, imbarbarimento sociale.

L'arricchimento, la scalata nei ranghi della società ottenuta con tutti i mezzi presuppone comportamenti adeguati, rapporti strategici e finalizzati al risultato.

Così in quasi tutti i dibattiti dove sono invitati personaggi di diversi schieramenti politici nessuno discute per far conoscere la propria opinione all'ascoltatore, l'obbiettivo degli interlocutori è quello di sconfiggere l'avversario su piano della dialettica, dell'immagine, dell'arroganza, della sicurezza di sé e del disprezzo per l'altra parte.

Ognuno vuol far credere al pubblico di conoscere egli solo la verità e di avere lui solo la soluzione al problema, gli altri sono degli emeriti imbecilli; infatti la fine del dibattito avviene tra urla e scene di panico, con il moderatore incapace di mantenere l'ordine e tutti gli invitati che emettono urla incomprensibili nel disperato quanto patetico tentativo di prevaricare gli altri e far sentire solo la propria voce. ―

E' veramente penoso osservare questa gente, la violenza, l'arroganza e la prepotenza che riescono a trasmettere basterebbe da sola a far capire che non sono adatti a regolamentare la vita sociale e civile di un Paese.

Sembra che l'aggressione del proprio interlocutore sia un atto dovuto, pare infatti che gli ascolti premino i dibattiti più accesi, dove sono appunto invitati i protagonisti più barbari e beceri che finiranno immancabilmente per azzuffarsi.

C'è un critico d'arte e parlamentare e sindaco famoso per questo, i suoi dibattiti, sia politici che artistici hanno sempre lo stesso finale, questo personaggio ad un certo punto dello spettacolo urla improperi ed epiteti agli altri invitati che dissentono dalle sue opinioni, nonostante tutto l'onorevole viene invitato in decine di trasmissioni televisive.

E' da credere, nella più benigna delle ipotesi, che il motivo di questa continua presenza televisiva risieda nel fatto che l'aspetto folcloristico del suo comportamento risulti molto più interessante di quello che dice.

La conferma di ciò è avvenuta di recente, l'onorevole era riuscito ad ottenere una trasmissione TV tutta sua, disquisiva di arte, spiegava l'arte alla povera gente, per la prima volta poteva dire tutto quello che voleva, in pace senza che nessuno lo contraddicesse, ma la trasmissione non è stata vista praticamente da nessuno ed è stata immediatamente chiusa.

L'insuccesso di un personaggio tanto inquietante ed invadente della scena politica culturale e sociale del nostro paese non potrebbe che far piacere, se non fosse che lui comunque il suo compenso lo ha ottenuto lo stesso, naturalmente ancora una volta alle spalle di tutti noi..

Quando ero fanciullo ed Ugo Zatterin era il moderatore di tutti i dibattiti politici di quel periodo, gli schieramenti politici erano indubbiamente molto più distanti ideologicamente di quanto non lo siano ora, ma allora ognuno discuteva ed esponeva con calma e chiarezza le proprie opinioni ed il programma politico del proprio partito nei tempi e nei modi dettati dal moderatore, il tempo era scandito da un cronometro e se uno degli invitati sforava il tempo concesso si scusava con l'avversario politico e veniva dato all'interlocutore successivo un tempo analogo per la risposta.

Un comportamento scorretto e prevaricatore non sarebbe stato ammesso da chi aveva la responsabilità della trasmissione e nessuno avrebbe mai pensato di poter trarre un vantaggio elettorale da un tale sconsiderato comportamento.

Perché ora questo atteggiamento barbarico è stato sdoganato e nei talk show le parolacce, gli insulti a volte anche la violenza fisica viene di fatto tollerata?

Siamo arrivati al punto che il leader di uno dei partiti del Governo di centrodestra, opportunamente reso innocuo dal Presidente Napolitano con l'arrivo di Monti, apostrofa un proprio alleato di governo liquidandolo come "Nano di Venezia", marcando non la differenza di opinioni che ha generato il contrasto, difficilmente comprensibile, ma un difetto dell'aspetto fisico facilmente riconoscibile di un ministro del suo stesso governo.

L'unica dottrina politica largamente condivisa da tutti gli schieramenti politici più rappresentativi è ovviamente quella liberista, dove lo stato deve contare il meno possibile, le tasse devono essere abbassate, le aziende pubbliche privatizzate, in sintesi il modello americano.

Risulta pertanto impossibile distinguere sulla base del programma politico un partito dall'altro, tuttavia in Italia la dimostrazione che le coalizioni si fanno non per governare, ma per spartirsi il potere è data da un fatto unico al mondo, talmente strano che in alcuni importanti saggi di Storia contemporanea, dove solitamente la fattispecie italiana viene tralasciata, viene citato come fatto anomalo ed incomprensibile.[vi]

Se analizziamo infatti la coalizioni di governo che è stata al potere per due legislature e che si definiva di centro destra in origine composta da Forza Italia, Lega Nord e Alleanza Nazionale (ex fascisti), notiamo che, a parte la collocazione ideologica indefinibile, l'alleanza era garantita dai voti della Lega Nord che è un partito a diffusione locale che rivendica l'autonomia del Nord e che nasce dalle giuste rivendicazioni del Nord produttivo contro il Sud assistito, ma questo partito era coalizzato proprio con una compagine statalista che attingeva la stragrande maggioranza dei propri voti nel Meridione.

Insomma un partito che attribuisce tutti i mali dell'Italia a Roma ladrona e al Meridione divoratore delle risorse del Nord industrializzato governava proprio con i voti della Sicilia e di altre regioni del Sud dove l'attuale PDL, uscito dalla fusione di Forza Italia e Alleanza Nazionale, ha attinto a piene mani il suo mandato elettorale.

Quando poi una parte di alleanza nazionale si è staccata dalla coalizione per contrasti con il Premier, ancora una volta a soccorrere la coalizione sono stati uomini politici venuti dai collegi elettorali del meridione.

Agli osservatori stranieri sembra impossibile che la Lega Nord riesca a convincere i propri elettori a rinnovargli il mandato se poi le scelte del governo di cui fa parte devono per forza tener conto delle indicazioni e delle richieste provenienti dal Sud dell'Italia dove è così presente il PDL.

Sembra invece che gli elettori, come ipnotizzati, non si rendano conto del paradosso, nel frattempo il governo in apparenza sempre più fragile e diviso continuava a sopravvivere, mentre l'Italia sprofondava, e alla fine, come da tradizione, tutte le diatribe finivano a tarallucci e vino e le poltrone rimanevano salde sotto il sedere.

Questo per sottolineare come in assenza di qualsivoglia credenza politica o morale o filosofica o sociale e o di programmazione economica la politica diventa solo uno strumento per ottenere il successo personale: si combatte, si discute, ci si accapiglia, ci si coalizza non per portare avanti delle idee condivise, delle convinzioni politiche comuni ma solo ed esclusivamente per ottenere, nella migliore ipotesi, lo scettro del potere ed i benefici che da questo si ottengono.

Il mandato elettorale proprio in funzione di questa anomalia è spesso disatteso e i politici passano nel corso della *legislatura, con estrema facilità, da una compagine all'altra.*

Mi sono soffermato sulla realtà italiana che conosco meglio, ma negli altri paesi le cose non stanno andando meglio che da noi. Negli Stati Uniti c'è una forte percezione di quanto ho appena descritto ed infatti l'affluenza alle urne è in costante calo.

Negli Stati Uniti la sfiducia nei confronti dei politici è altissima e la sensazione che il proprio voto sia comunque ininfluente per le sorti della propria esistenza è talmente diffusa che in certe regione i cittadini che vanno a votare non raggiungono il 30% degli aventi diritto.

vi Tony Judt "Dopoguerra" Ed. Mondadori pag. 868: "Nelle elezioni politiche degli anni novanta, La Lega Nord fu in grado di controllare, in Lombardia ed in Veneto un sufficiente numero di voti per garantirsi una presenza stabile nelle coalizioni dei Governi di centrodestra. Per ironia della sorte, in ogni caso, la sua tenuta aveva ragion d'essere nell'alleanza con il movimento Forza Italia di Silvio Berlusconi e con gli ex fascisti di Alleanza Nazionali di Gianfranco Fini: i due partiti, specialmente il secondo avevano la propria base elettorale proprio tra gli elettori poveri e mantenuti dai sussidi statali che la Lega Nord tanto disprezzava. Malgrado queste reciproche antipatie e le illusioni dei più avventati tra i sostenitori di Bossi, la questione di uno smembramento dell'Italia o del conseguimento dell'indipendenza da parte di una delle sue regioni non si pose mai in modo realistico".

La Plutocrazia al potere

In Italia dopo il disastro di Chernobyl i cittadini italiani espressero chiaramente la loro avversione al nucleare, quasi esclusivamente per la sua pericolosità, ampiamente dimostrata dal disastro nucleare di Chernobyl e reiterata dal recente incidente nucleare di Fukushima e da altri incidenti gravi avvenuti nelle centrali di tutto il mondo nel corso degli ultimi anni, prontamente oscurati o minimizzati dai media.

Nel 2008 il governo, dimostrando un totale disprezzo per la volontà popolare già espressa dai

cittadini italiani vent'anni prima
iniziava un iter per istituire un
programma di produzione di energia
dal nucleare in Italia, la prima
centrale avrebbe dovuto realizzarsi
entro il 2020-2025, quando
probabilmente tutte le centrali
nucleari in Europa sarebbero state
per quegli anni totalmente dismesse.

Il Governo aveva già messo
cantiere quattro centrali nucleari
con un costo stimato intorno ai 40
miliardi di Euro, quando nel
tentativo di bloccare il referendum
popolare tentò addirittura un vero e
proprio raggiro approvando una norma
solo apparentemente abrogativa del
nucleare in un provvedimento
legislativo già in discussione alle
camere: mentre da un lato dichiarava

di abrogare gli stessi articoli di legge sottoposti a referendum, dall'altro apriva esplicitamente alla possibilità di valutare se inserire il nucleare in un futuro piano energetico nazionale sulla base di non meglio chiariti studi internazionali sulla sicurezza degli impianti. Questa legge beffa veniva per fortuna bocciata dalla Corte Costituzionale.

Il referendum popolare sul nucleare messo in calendario il 12 e 13 giugno 2011 fu completamente ignorato dalle reti televisive Mediaset e la RAI fornì solo le informazioni di rito, quelle obbligatorie per legge, non ci furono dibattiti e gli annunciatori dei TG equivocarono addirittura *sulle date delle consultazioni, generando confusione tra gli elettori. Quasi tutti i politici della coalizione manifestarono la loro contrarietà a questa prova di democrazia diretta, suggerendo agli elettori di andare al mare anziché recarsi al voto, confidando nel mancato raggiungimento del quorum.*

L'oppio questa volta non funzionò, i cittadini fiutarono puzza di bruciato e di raggiro e nonostante due splendide giornate di sole rinunciarono al mare, andarono invece in massa a votare confermando il voto già espresso 25 anni prima.

Purtroppo dopo due bocciature popolari il pericolo nucleare incombe ancora sopra i nostri destini, perché nel Governo tecnico succeduto a Berlusconi un ministro, ignorando quello che era successo solo pochi mesi prima dichiarava che il nucleare:"E' oggetto di importanti investimenti in ricerche e sviluppo anche in settori non connessi con l'energia. Quindi non vedo perché l'Italia debba restarne fuori".

Che si può pensare di una classe politica e dirigente che per coprire i propri interessi ed imporre a tutti i costi le proprie iniziative invita il popolo a non votare in un referendum popolare che è forse l'espressione più alta della democrazia o addirittura, come fa il Ministro Clini, ignora il risultato referendario avvenuto solo alcuni mesi prima, non basta da solo questo atteggiamento antidemocratico per convincere gli elettori che hanno di fronte dei poco di buono? Usate la testa e la ragione, segnatevi quei nomi e quelle facce e depennatele da qualsiasi lista elettorale possano comparire, questo vuol dire ragionare con la propria testa, questo vuol dire partecipare alla democrazia.

La democrazia messa a dura prova, in tutto il mondo, dalla scarsa partecipazione ed interesse dei cittadini è in Italia più un'utopia che una realtà.

La democrazia indiretta, proprio per l'incertezza insita del mandato conferito dal cittadino al *suo rappresentante in parlamento, mandato poi molto spesso completamente disatteso, è profondamente in crisi in tutti i paesi occidentali, i cittadini votano chi dovrebbe rappresentarli in parlamento, ma non c'è alcuna certezza che la delega conferita venga rispettata, anzi proprio per l'incertezza dei contenuti politici, sociali ed economici dei gruppi parlamentari risulta perfino difficile stabilire a priori quella che dovrà essere la posizione del proprio eletto di fronte alle grandi tematiche sociali, economiche che verranno discusse nel corso della legislatura.*

Anche in questo caso lo spartiacque è il 1989 e

l'omologazione sociale ed economica che seguì il crollo del socialismo. Un esempio: se nel 1970 avessi votato per il PCI di Enrico Berlinguer potevo avere la certezza che questo non avrebbe mai dato il suo consenso all'aumento delle tariffe per i servizi pubblici. Per far quadrare il bilancio dello stato, le risorse, fosse stato per i comunisti di allora si sarebbero dovute recuperare in altro modo, probabilmente tassando le rendite finanziarie dei grossi capitali.

Ora invece nessuno di noi ha la certezza che il proprio eletto faccia una cosa simile perché il libero mercato dei capitali, del lavoro, dell'economia in generale è diventato un dogma cui tutti gli schieramenti devono assoggettarsi.

Persino il Presidente Americano Obama che aveva condotto la propria campagna elettorale al grido di "Yes we can" e che aveva fatto piangere di gioia milioni di onesti cittadini dentro e fuori dell'America convinti che con lui le cose potessero realmente cambiare è costretto ormai a fare un resoconto del tutto insoddisfacente del suo primo mandato che sta giungendo al termine, le sue tanto sbandierate riforme si sono infatti incagliate e ridimensionate di fronte a un congresso poco sensibile alle richieste provenienti dal basso e molto attento invece alle esigenze delle grosse istituzioni finanziarie e dei big dell'economia mondiale che hanno speso fior di quattrini per farli eleggere.

La riforma sanitaria voluta dal Presidente Obama è andata avanti tra mille difficoltà e impedimenti burocratici, contabili e pronunciamenti della Corte suprema che hanno notevolmente ridimensionato la portata della riforma promessa e voluta dal Presidente; quando invece si è trattato di scucire somme da capogiro per sovvenzionare il sistema bancario prossimo al collasso il congresso ha dato il via libera, senza troppi patemi e con un'ampia maggioranza bipartisan, allo stanziamento di ben 700 miliardi di dollari. I

Il costo della riforma sanitaria negli USA veniva stimato in circa 1000 miliardi di dollari in dieci anni mentre, il costo totale dell'operazione finanziaria di salvataggio delle banche , ampiamente osteggiata dalla popolazione, ma approvata dai loro rappresentanti al Senato, con l'acquisizione degli asset tossici da parte della FED ed il Salvataggio di numerose istituzione finanziarie prossime al default sarebbe poi costato ben 7.700 miliardi di dollari spesi nel biennio 2008/2009.

Hessel e il Papa tedesco

Il movimento degli indignati ha portato in piazza milioni di persone in tutto il mondo ed il movimento Occupy Wall Street protesta ormai in via permanente a New York ed in molte altre importanti città americane e davanti alle sedi delle principali Banche d'affari; questi movimenti sono nati spontaneamente, ispirati anche dal bellissimo testo del partigiano francese Stéphane Hessel.

Nel suo breve discorso Hessel cita più volte termini ormai sconosciuti: racconta dei principi e dei valori a cui fu ispirata tutta la sua lunga esistenza prima nella resistenza e durante il suo impegno sociale sempre però ai margini dell'establishment politico.

La coscienza di queste persone comincia ad essere emulata e a fare proseliti, tanto evidente è infatti che sono dalla parte dei giusti che nessuno si permette di ostacolarli, la loro protesta civile e non violenta ha fatto breccia nei cuori di milioni di persone e chi si mette contro di loro rischia l'isolamento.

Questa è la forza della coscienza, questo distingue l'Uomo! la sua capacità di sapere qual'è la verità, cos'è il bene e cos'è il male, nessuno deve insegnarglielo è una qualità che abbiamo dentro di noi nel momento in cui veniamo al mondo, possiamo solo rinunciare ad esercitarla, anche se alcuni la rinnegano scegliendo altre strade.

L'interesse personale, la sete di potere e la cupidigia di chi comanda, abilmente mascherata dai mass media al loro servizio rende talora impossibile comprendere la verità.

Di recente il premier russo Putin riguardo alle elezioni del 4 dicembre 2011 che hanno segnato un crollo della sua coalizione, ma che gli hanno comunque consentito di ottenere una maggioranza assoluta risicata alla duma ha risposto a chi metteva in dubbio la correttezza del voto che il "risultato rispecchia l'opinione pubblica", come dire basta un'opinione pubblica manipolata dalle televisioni e giornali vicini al Premier per giustificare un risultato elettorale quantomeno molto strano e probabilmente manovrato da brogli elettorali.

Voglio chiudere questa prima parte del mio saggio con le parole del Papa Benedetto XVI, un Papa a volte contestato e dal passato poco chiaro, ma mai banale, che il 22 settembre 2011 davanti al Bundestag usava queste parole: "Servire il diritto e combattere il dominio dell'ingiustizia è e rimane il compito fondamentale del politico, il criterio ultimo e la motivazione per il lavoro come politico non deve essere il successo e tanto meno il profitto materiale. La politica deve essere un impegno per la giustizia e per creare le condizioni di fondo per la pace".

Citando Sant'Agostino ha infine aggiunto: "Togli il diritto e allora che cosa distingue lo Stato da una grossa banda di briganti?".

Il mercimonio

"...molti italiani secondo me si accorgono benissimo del mercimonio che si fa dello stato, delle sopraffazioni, dei favoritismi, delle discriminazioni, ma gran parte di loro è sotto ricatto, hanno ottenuto dei vantaggi (magari dovuti, ma ottenuti solo attraverso i canali dei partiti e delle loro correnti) o sperano di riceverne, o temono di non riceverne più." Questo diceva Enrico Berlinguer il 28 luglio 1981 nella celebre intervista di Eugenio Scalfari dove si parlava per la prima volta e senza mezzi termini *della questione morale e dell'intrusione dei partiti al Governo in tutte le istituzioni dello Stato: Enti locali, banche, aziende pubbliche, istituti culturali, ospedali, università, Rai, giornali.*[vii]

La questione morale, dopo la breve parentesi di tangentopoli è degenerata; assistiamo ora a quello che potremo definire un vero e proprio assalto alle casse dello Stato, non passa giorno che non venga beccato qualcuno con le mani nel sacco, non bastano più a questi signori gli stipendi da parlamentare e i doppi o tripli incarichi hanno anche il bisogno di rubare.

Secondo la lista pubblicata dal sito di Beppe Grillo e stilata dai giornalisti Marco Travaglio e Peter Gomez i parlamentari in carica condannati, prescritti, indagati, imputati e rinviati a giudizio sono in tutto un centinaio(popolo delle libertà 56, lega Nord 8, udc rosa bianca 9,La Destra 2, Aborto No Grazie 1, Partito Democratico 18, Sinistra Arcobaleno 3, Partito socialista 3), secondo il sito StopCensura gli indagati sono addirittura 112, l'autore avverte che tenerla aggiornata richiede un continuo impegno e per questo motivo probabilmente quando questo testo sarà pubblicato il numero degli indagati sarà ancora lievitato.

In questo quadro di disgregazione morale e sociale l'Italia e l'Europa si trovano ad affrontare un momento drammatico: la speculazione finanziaria condotta dalle grosse Banche d'affari ha portato al collasso il sistema finanziario in tutto il mondo, Gli Stati Uniti e L'Europa sembrano impegnati in un braccio di ferro per la rispettiva sopravvivenza. Le Società di rating americane hanno a più riprese abbassato i rating di solvibilità dei Paesi Europei tacendo sull'enorme debito americano che è la vera bomba ad orologeria dell'economia del pianeta.

Il sistema è collassato per colpa di banche e banchieri che perdendo ogni riferimento con la *realtà si sono prodigate in speculazioni folli e compensi astronomici alla faccia dei piccoli azionisti, i patrimoni dei colossi finanziari di tutto il mondo sono spariti ingrassando una sparuta lobby di miliardari che dominano il mondo. Le principali banche europee hanno dilapidato i loro patrimoni in quelle che erano vere e proprie truffe finanziarie (leggi derivati) e ora hanno riciclato i loro manager nelle istituzioni pubbliche per rimpinguare le casse vuote a spese dei contribuenti.*

[vii] Enrico Berlinguer "La questione Morale" Intervista di Eugenio Scalari, Aliberti Editore

Il silenzio degli Intellettuali

In un articolo apparso di recente nei principali quotidiani Igor Shulze intellettuale tedesco così esordiva :

" Da circa tre anni non scrivevo più articoli, perché non so più che altro scrivere. È tutto così lampante: la soppressione della democrazia, la crescente polarizzazione sociale ed economica tra poveri e ricchi, la rovina dello Stato sociale, la privatizzazione e con essa la monetizzazione di ogni ambito di vita (dell'istruzione, della sanità, dei trasporti pubblici ecc.), la cecità di fronte all'estremismo di destra, lo sproloquiare dei media, che parlano senza sosta per non dover parlare dei problemi reali, la censura scoperta o mascherata (ora come rifiuto diretto, ora sotto forma di audience o format) e tutto il resto.

Gli intellettuali tacciono. Dalle università non si sente nulla, nulla dai pionieri del pensiero, qua e là qualche sporadico baluginio, poi di nuovo il buio.

Posso solo ripetere il luogo comune: i profitti vengono privatizzati, le perdite socializzate. E vorrei poter citare dei controesempi."

Sembra che il mondo impazzito vada avanti ignorando il baratro che ha davanti, tutti ormai percepiscono la situazione insostenibile che si è venuta a creare e che prima o poi esploderà drammaticamente, ma nessuno è disposto ad ammetterlo, un unico e demenziale progetto ha coinvolto tutta l'umanità ed ha come obbiettivo l'accumulo della ricchezza di pochi eletti a scapito dell'intera umanità.

La disoccupazione in tutto il mondo sta diventando endemica e nell'occidente non si sa più cosa fare di milioni e milioni di disoccupati impossibili da riqualificare e resi inutili dalle nuove tecnologie, le risorse si continuano a racimolare aumentando le imposte indirette sui consumi, mentre quelle sugli immensi capitali investiti nelle Corporation che dominano il mondo, attraverso complicate alchimie finanziarie, continuano a sfuggire al fisco ed al controllo degli stati sovrani resi impotenti e ricattati dalle potenti istituzioni finanziarie internazionali.

Come mai gli intellettuali tacciono, perché nessuno denuncia chiaramente questa situazione, cosa aspettano i pionieri del libero pensiero, è stato comprato anche il loro silenzio?

La struttura politico sociale dei Paesi occidentali in Europa e nel resto del mondo, pur rimanendo inalterata nella forma si è di fatto trasformata in una dittatura plutocratica, le decisione vengono prese da tecnocrati e avvallate dai politici di turno ed è del tutto ininfluente in questo sistema di comando il voto popolare.

Ma se gli intellettuali tacciono, i media governati dai potenti distorcono la realtà, tacendo sui veri problemi che affliggono la nostra società, come può l'uomo comune, al quale, come diceva il dissidente Ceco Vakulik, non si può chieder di fare l'eroe, ribellarsi a tutto ciò e tentare di cambiare la direzione della storia?

Che strumenti ha in mano l'uomo moderno che ancora crede nella forza dello spirito, della verità, del diritto e dell'onestà per opporsi a questo sistema che lo schiavizza e lo rende impotente?

I nuovi dissidenti

Ribellarsi è lecito e non necessariamente pericoloso, perché il sistema costruito dai nostri aguzzini ha i piedi d'argilla e crollerà inevitabilmente su se stesso se ci ribelliamo rifiutando l'omologazione culturale imposta dai media di tutto il mondo, cambiate le Vs. abitudini che Vi rendono passivi e banali e metterete del sale nella Vs. vita e rimetterete in corsa l'orologio della storia.

1) spegnete la Televisione

Se spegnete la TV e parlate con i Vs. figli o con Vs. moglie o leggete un libro e imparate finalmente a fare qualcosa che Vi piace, migliorerete la qualità della Vs. vita, sarete più sereni e scoprirete che la maggior parte delle notizie e degli spettacoli televisivi che avete visto negli ultimi decenni sono stati anni di vita sprecati.

Fate una prova, spegnete la televisione anche solo per un mese, assaporerete il gusto di fare qualcosa di nuovo anziché stare lì ad assorbire passivamente notizie catastrofiche o programmi demenziali, non la riaccenderete mai più, potrete disdire il canone rai evitando così di ingrassare quella pletora di fannulloni senza qualità che riempiono di vuoto la Vostra esistenza.

Tutti quei venditori di fumo che vivono sulle Vs. spalle non sapranno più come raggiungerVi per abbindolarVi, saranno definitivamente spazzati via dalla scena perché incapaci di fare qualsiasi altra cosa per guadagnarsi da vivere.

Le informazioni che vi servono potrete attingerle da internet facendo bene attenzione a selezionare, variare e confrontare le fonti. L'informazione che otterrete sarà inevitabilmente più obbiettiva.

2) Più pubblicità più inganno.

Non fateVi condizionare dalla pubblicità, più insistente è la pubblicità meno conveniente è il prodotto. Più è pubblicizzato un prodotto e peggiore sarà il suo rapporto prezzo (dove è incorporato il costo pubblicitario)/ qualità.

Inoltre ricordate sempre che un buon prodotto non ha bisogno di una pubblicità asfissiante per essere venduto, mentre un prodotto scadente vende solo per le promozioni e la spinta pubblicitaria.

3) Selezionare accuratamente i prodotti acquistati.

RifiutateVi di acquistare oggetti e beni prodotti in Paesi che non garantiscono la dignità ed i diritti dei lavoratori o prodotti di aziende che sfruttano la manodopera a basso costo nei paesi sottosviluppati. Privilegiate gli acquisti di prodotti locali anche se risultano meno competitivi sul piano del prezzo. Favorirete l'occupazione e la legalità nel Vostro Paese.

4) Non frequentate i centri commerciali e gli ipermercati.

Gli stessi prodotti li troverete anche nel negozio vicino a casa, se li pagate pochi euro in più non è la fine del mondo e avrete contribuito a salvare una piccola attività commerciale dai vampiri della grossa distribuzione che contribuiscono a strozzare i produttori esigendo condizioni di vendita insostenibili.

5) Non andate per negozi la domenica.

Mi auguro per Voi che la Domenica abbiate qualcosa di meglio da fare, permetterete così ai lavoratori del commercio di godere della loro sacrosanta pausa settimanale assieme ai loro familiari.

La domenica dovrebbe essere il giorno della riflessione e della pace, il giorno più adatto per pianificare ed organizzare la propria esistenza e quella dei Vostri familiari, non sprecate un giorno così importante regalandolo a chi vi costringe a vivere per tutto il resto della settimana in maniera convulsa inseguendo gli eventi senza decidere mai nulla.

6) Non indebitateVi.

L'abitudine a comprare a rate o attraverso piccoli prestiti al consumo Vi rende schiavi, ipotecherete il Vs. futuro e questo Vi impedirà di essere liberi e sereni.

L'usura sta rovinando il mondo, l'abitudine a ricorrere al prestito al consumo, spinge la gente a consumare non solo oltre le proprie necessità, ma anche oltre le proprie possibilità e questo rende insicuri e favorisce la crescita smisurata del sistema finanziario che permette a milioni di privilegiati di vivere sulle vostre spalle vendendo fumo.

7) Evitate di acquistare il superfluo.

Donerete così un mondo pulito e vivibile ai vostri figli, arrestando il degrado ambientale nel mondo.

8) Non fatevi ingannare dalla propaganda politica.

"La propaganda deve essere popolare, il suo livello spirituale deve essere commisurato alla capacità ricettiva dei più piccoli tra coloro cui ci si rivolge. Perciò il suo livello spirituale deve essere posto tanto più in basso, quanto più grande sia la massa di gente cui si vuole agire ... La ricettività della grande massa è molto limitata, la sua intelligenza mediocre e grande la sua smemoratezza. Da ciò deriva che una propaganda efficace deve limitarsi a pochissimi punti, punti che deve poi ribadire continuamente, finché anche *i più tapini siano capaci di raffigurarsi, mediamente quelle parole implacabilmente ripetute, i concetti che si voleva restassero loro impressi"*

Questa lezione, impartita da Adolf Hitler ai suoi seguaci nel Mein Kampf, è diventata nei fatti un pilastro per la propaganda politica anche ai nostri tempi, gli schieramenti di tutte le fazioni usano questo linguaggio semplicistico e di basso livello culturale per fare presa sulle masse e sui loro sentimenti più che sulla loro ragione, così continuava infatti Hitler: "Il popolo, nella sua maggioranza, è eminentemente femmineo; i suoi pensieri e le sue azioni sono determinati non tanto da sobrie considerazioni, quanto da una sensibilità emotiva"

Non fatevi ingannare dalla propaganda politica, guardate ed analizzate correttamente i contenuti dei loro discorsi, non fatevi ingannare dalla loro enfasi, ma giudicate soprattutto la loro azione politica e non le loro fatue parole.

Ragionando con la nostra testa, non facendoci più ingannare cambieremo e miglioreremo il mondo, diventeremo artefici della nostra vita e vivremo in pace con noi stessi ed in armonia con gli altri.